고려대 재미있는 한국어

말하기 Speaking

고려대학교 한국어센터 편

1

English Version

KU PRESS
고려대학교출판문화원

책을 내며

고려대학교 한국어센터는 1986년 설립된 이래 한국어와 한국 문화를 재미있게 배우고 효과적으로 가르치는 방법을 연구해 왔습니다. 《고려대 한국어》와 《고려대 재미있는 한국어》는 한국어센터에서 내놓는 세 번째 교재로 그동안 쌓아 온 연구 및 교수 학습의 성과를 바탕으로 하고 있습니다.

이 책의 가장 큰 특징은 한국어를 처음 접하는 학습자도 쉽게 배워서 바로 사용할 수 있도록 구성했다는 점입니다. 한국어 환경에서 자주 쓰이는 항목을 최우선하여 선정하고 이 항목을 학습자가 교실 밖에서 사용할 수 있도록 연습 기회를 충분히 그리고 다양하게 제공하고 있습니다.

이 책을 내기까지 많은 분들의 도움을 받았습니다. 먼저 지금까지 고려대학교 한국어센터에서 한국어를 공부한 학습자들께 감사드립니다. 쉽고 재미있는 한국어 교수 학습에 대한 학습자들의 다양한 요구가 없었다면 이 책은 나오지 못했을 것입니다. 그리고 한국어 학습자들의 요구에 부응하기 위해 열정적으로 교육과 연구에 헌신하고 계신 고려대학교 한국어센터의 선생님들께도 감사드립니다.

무엇보다 한국어 학습자와 한국어 교원의 요구 그리고 한국어 교수 학습 환경을 종합적으로 고려한 최상의 한국어 교재를 위해 밤낮으로 고민하고 집필에 매진하신 고려대학교 국어국문학과 김정숙 교수님을 비롯한 저자분들께 깊은 감사를 드립니다. 이 밖에도 이 책이 보다 멋진 모습을 갖출 수 있도록 도와주신 고려대학교 출판문화원의 윤인진 원장님과 직원 여러분께도 감사드립니다. 그리고 집필진과 출판문화원의 요구를 수용하여 이 교재에 맵시를 입히고 멋을 더해 주신 랭기지플러스의 편집 및 디자인 전문가, 삽화가의 노고에도 깊은 경의를 표합니다.

부디 이 책이 쉽고 재미있게 한국어를 배우고자 하는 한국어 학습자와 효과적으로 한국어를 가르치고자 하는 한국어 교원 모두에게 도움이 되기를 바랍니다. 또한 앞으로 한국어 교육의 내용과 방향을 선도하는 역할도 아울러 할 수 있게 되기를 희망합니다.

2019년 7월

국제어학원장 박성철

이 책의 특징

《고려대 한국어》와 《고려대 재미있는 한국어》는 '형태를 고려한 과제 중심 접근 방법'에 따라 개발된 교재입니다. 《고려대 한국어》는 언어 항목, 언어 기능, 문화 등이 통합된 교재이고, 《고려대 재미있는 한국어》는 말하기, 듣기, 읽기, 쓰기로 분리된 기능 교재입니다.

《고려대 한국어》 1A와 1B가 100시간 분량, 《고려대 재미있는 한국어》 말하기, 듣기, 읽기, 쓰기가 100시간 분량의 교육 내용을 담고 있습니다. 200시간의 정규 교육 과정에서는 여섯 권의 책을 모두 사용하고, 100시간 정도의 단기 교육 과정이나 해외 대학 등의 한국어 강의에서는 강의의 목적이나 학습자의 요구에 맞는 교재를 선택하여 사용할 수 있습니다.

《고려대 재미있는 한국어》의 특징

▶ **한국어를 처음 배우는 학습자도 쉽게 배울 수 있습니다.**

- 한국어 표준 교육 과정에 맞춰 성취 수준을 낮췄습니다. 핵심 표현을 정확하고 유창하게 사용하는 것이 목표입니다.
- 제시되는 언어 표현을 통제하여 과도한 입력의 부담 없이 주제와 의사소통 기능에 충실할 수 있습니다.
- 알기 쉽게 제시하고 충분히 연습하는 단계를 마련하여 학습한 내용의 이해에 그치지 않고 바로 사용할 수 있습니다.

▶ **학습자의 동기를 이끄는 즐겁고 재미있는 교재입니다.**

- 한국어 학습자가 가장 많이 접하고 흥미로워하는 주제와 의사소통 기능을 다룹니다.
- 한국어 학습자의 특성과 요구를 반영하여 실제적인 자료를 제시하고 유의미한 과제 활동을 마련했습니다.
- 한국인의 언어생활, 언어 사용 환경의 변화를 발 빠르게 반영했습니다.
- 친근하고 생동감 있는 삽화와 입체적이고 감각적인 디자인으로 학습의 재미를 더합니다.

《고려대 재미있는 한국어 1》의 구성

▶ 말하기 20단원, 듣기 10단원, 읽기 10단원, 쓰기 12단원으로 구성하였으며 한 단원은 내용에 따라 1~4시간이 소요됩니다.

▶ 각 기능별 단원 구성은 아래와 같습니다.

말하기	도입	배워요 1~2	말해요 1~3	자기 평가
	학습 목표 생각해 봐요	주제, 기능 수행에 필요한 어휘와 문법 제시 및 연습	• 형태적 연습/유의적 연습 • 의사소통 말하기 과제 • 역할극/짝 활동/게임 등	

듣기	들어 봐요	들어요 1	들어요 2~3	자기 평가	더 들어요
	학습 목표 음운 구별	어휘나 표현에 집중한 부분 듣기	주제, 기능과 관련된 다양한 듣기		표현, 기능 등이 확장된 듣기

읽기	도입	읽어요 1	읽어요 2~3	자기 평가	더 읽어요
	학습 목표 생각해 봐요	어휘나 표현에 집중한 부분 읽기	주제, 기능과 관련된 다양한 읽기		표현, 기능 등이 확장된 읽기

쓰기	도입	써요 1	써요 2	자기 평가
	학습 목표	어휘나 표현에 집중한 문장 단위 쓰기	주제, 기능에 맞는 담화 차원의 쓰기	

▶ 교재의 앞부분에는 '이 책의 특징'을 배치했고, 교재의 뒷부분에는 '정답'과 '듣기 지문', '어휘 찾아보기', '문법 찾아보기'를 부록으로 넣었습니다.

▶ 모든 듣기는 MP3 파일 형태로 내려받아 들을 수 있습니다.

《고려대 재미있는 한국어 1》의 목표

일상생활에서의 간단한 의사소통을 할 수 있습니다. 인사, 일상생활, 물건 사기, 하루 일과, 음식 주문, 휴일 계획, 날씨 등에 대해 이야기할 수 있습니다. 일상생활을 표현하는 기본 어휘와 한국어의 기본 문장을 이해하고 사용할 수 있습니다.

About the Textbooks

KU Korean Language and *KU Fun Korean* adopt a "task-based approach with forms in consideration". The former integrates language items, language skills, and culture while the latter separates language skills into speaking, listening, reading, and writing.

KU Korean Language composed of 1A and 1B offers a 100-hour language course, and *KU Fun Korean* also contains a 100-hour course for speaking, listening, reading, and writing as a whole. Therefore, using the six volumes of the two together makes up a regular 200-hour language program. In the case of 100-hour short language programs or Korean language courses in overseas universities, these volumes can be selectively used according to the purpose of the program or the needs of the learner.

About *KU Fun Korean*

The textbook helps even beginners learn Korean in an easy way.

- The level of target achievement is moderated in accordance with the International Standard Curriculum of Korean Language. It aims to facilitate accurate and fluent use of key expressions.
- By restricting the number of language expressions for input, more focus can be placed on topics and communicative skills while alleviating pressure put on the learner.
- Learners can readily understand what they learn thanks to easy explanations and also immediately apply their knowledge to practice by completing a sufficient number of exercises.

The textbook is a fun and interesting textbook that can motivate the learner.

- It addresses the topics and communication skills that the Korean language learner is highly interested in as they are frequently used in real life.
- By reflecting on the characteristics and needs of Korean language learners, practical materials have been developed incorporating meaningful task-based activities.
- It reflects the fast-changing Korean language lifestyle and environment.
- Familiar and engaging illustrations, as well as stereoscopic and stylish design, add fun to learning Korean.

The Composition of *KU Fun Korean 1*

- It consists of 20 units of speaking, 10 units of listening, 10 units of reading, and 12 units of writing, and each units requires 1-4 hours in tandem with the content.
- Units for each communicative function are structured as follows

Speaking	Introduction	Let's learn 1~2	Speaking 1~3	Self-check	
	Learning objectives Let's think	Topic, vocabulary and grammar required for performing communicative functions, and exercise activities	• Exercises that focus on form and meaning • Conversational speaking tasks • Role plays/pair activities/ games, etc.		

Listening	Introduction	Listening 1	Listening 2~3	Self-check	Listening more
	Learning objectives Sound discrimination	Listening focusing on vocabulary or expressions	Various types of listening practice related to the topic and communicative functions		Listening exercises on extended expressions and their communicative functions

Reading	Introduction	Reading 1	Reading 2~3	Self-check	Reading more
	Learning objectives Let's think	Reading focusing on vocabulary or expressions	Various types of reading practice related to the topic and communicative functions		reading exercises on extended expressions and their communicative functions

Writing	Introduction	Writing 1	Writing 2	Self-check
	Learning objectives	Sentence-based writing focusing on vocabulary or expressions	Dialogue writing related to the topic and communicative functions	

- About the Textbook is located in the beginning of the book, and Correct Answers, and Listening Scripts, the Vocabulary and Grammar Index are in the appendix.
- All audio files can be downloaded as MP3 files.

Learning Objectives of *KU Fun Korean 1*

Learners can engage in simple conversations in their daily life. They can use Korean greetings and speak in Korean on topics such as daily life, shopping, daily schedules, ordering food, holiday plans and weather. They can also understand and use basic vocabulary and sentences frequently used in daily life in Korea.

이 책의 특징 About the Textbook

단원 제목

- 단원의 제목입니다.
  Title of the unit

학습 목표 Learning objectives

- 단원의 의사소통 목표입니다.
  It is the communicative objectives of the lesson.

생각해 봐요 Let's think

- 그림이나 사진을 보며 단원의 주제 또는 기능을 생각해 봅니다.
  The learner looks at a picture or drawing and thinks about the topic or communicative function of the lesson.

배워요 Let's learn

- 단원의 주제를 표현하거나 의사소통 기능을 수행하는 데 필요한 어휘나 문법 항목입니다.
  It describes vocabulary or grammar items essential to expressing the topic of the lesson or performing communicative functions.

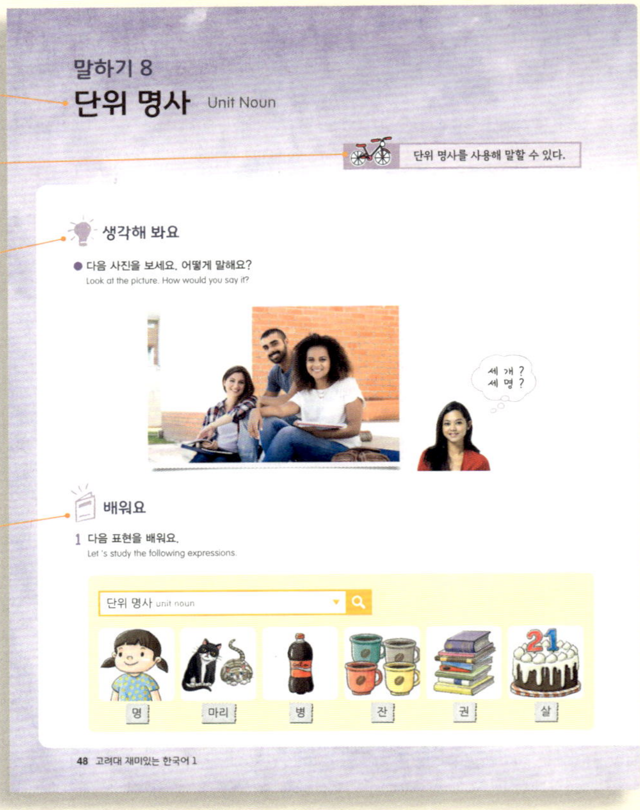
말하기 8
단위 명사 Unit Noun
단위 명사를 사용해 말할 수 있다.
생각해 봐요
● 다음 사진을 보세요. 어떻게 말해요?
Look at the picture. How would you say it?
세 개? 세 명?
배워요
1 다음 표현을 배워요.
Let's study the following expressions.
단위 명사 unit noun
명 마리 병 잔 권 살
48 고려대 재미있는 한국어 1

말해요 2, 3 Speak 2, 3

- 의사소통 목표를 달성하기 위한 말하기 과제 활동입니다.
  This speaking activity aims to help the learner achieve communicative objectives.
- 게임, 역할극 등으로 활동 유형이 다양하게 제시되며 짝 활동, 소그룹 활동, 교실 밖 활동 등으로 활동 방식의 변화를 주어 진행합니다.
  The learner engages in various types of exercises such as games and role plays, as well as in different modes, including pair-work, small-group work, or out-of-class work.

자기 평가 Self-check

- 학습 목표의 달성 여부를 학습자가 스스로 점검합니다.
  Learners evaluate to what extent they have achieved the learning objectives.

말해요 2
1 여러분 방을 소개하세요.
Describe your room
1) 여러분의 방을 그리세요.
Draw your room.
2) 방에 무엇이 있어요? 무엇이 없어요? 어디에 있어요? 다음과 같이 이야기하세요.
What things are in your room or not in your room? Where are they? Practice with your partner as shown below.
여기는 제 방이에요.
제 방에 침대하고 책상하고 의자가 있어요.
⋮
내 방에 대해 이야기할 수 있어요?
58 고려대 재미있는 한국어 1

말해요 1 Speak 1

- '배워요' 단계에서 학습한 어휘 및 문법 표현을 숙달하기 위한 말하기 연습 활동입니다.
  This speaking exercise helps the learner improve proficiency in using the vocabulary and grammar expressions introduced in the Let's Learn stage.

더 말해요 Speak more

- 확장된 말하기 과제 활동입니다. 실제적이고 유의미한 맥락에서 의사소통 목적에 초점을 두고 말하기를 수행합니다.
  It is an extended speaking activity. The learner performs speaking tasks focusing on communicative objectives in real and meaningful contexts.
- 교육 과정이나 학습자 수준에 따라 선택적으로 활동을 합니다.
  The activity is optional depending on the curriculum or the levels of learners.

말하기

Speaking

차례 Contents

부록

말하기 1

한국어 수업 Korean Lesson

한국어 수업에서 자주 쓰는 표현을 말할 수 있다.

생각해 봐요

● 다음 사진을 보세요. 이 사람은 무엇을 해요?

Look at the picture . What is the person doing?

배워요

1 다음 표현을 배워요.

Let's learn the expressions below.

1)

2)

3)

들으세요.
Listen.

4)

……
……
이야기하세요.
Talk.

5)

책을 펴세요.
Open your book.

6)

가 나 다 라
칠판을 보세요.
Look at the blackboard.

7)

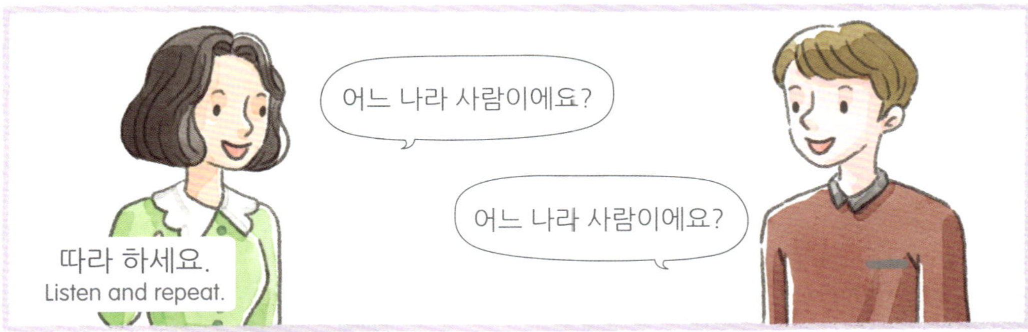
어느 나라 사람이에요?
어느 나라 사람이에요?
따라 하세요.
Listen and repeat.

8)

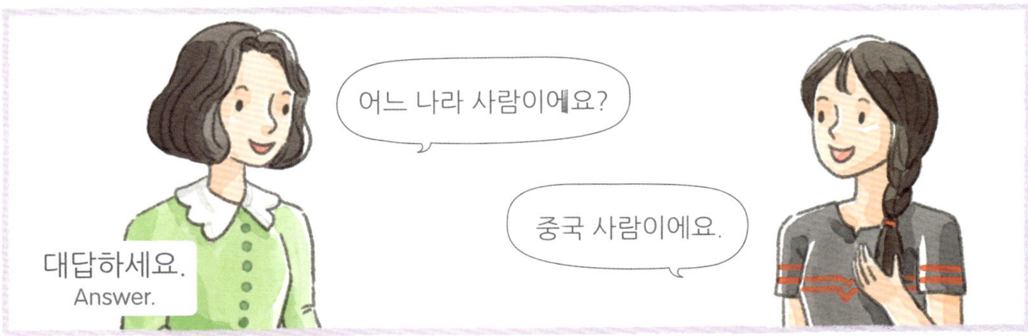
어느 나라 사람이에요?
중국 사람이에요.
대답하세요.
Answer.

9)

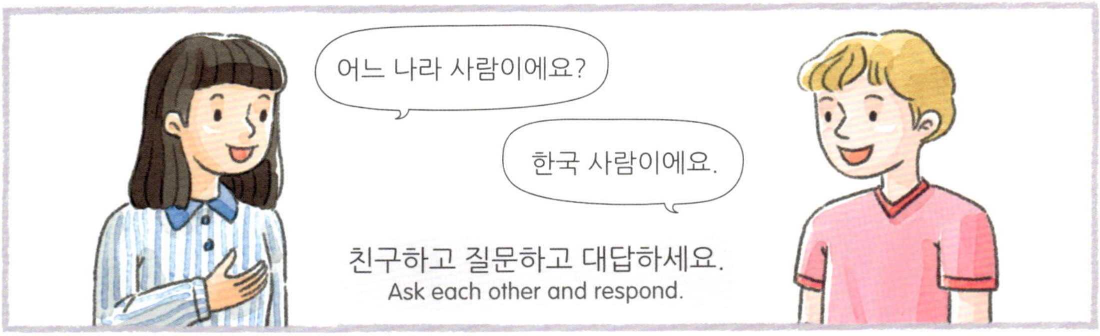

10)

말해요

1 다음 그림을 보고 이야기하세요.

Look at the pictures and practice with your partner.

1)

2)

3)

4)

5)

2 배운 표현을 친구한테 말하세요. 친구가 말하면 그대로 행동하세요.

Tell your partner the expressions you learned. Listen to your partner, and do as your partner says.

한국어 수업에서 자주 쓰는 표현을 말할 수 있어요?	☆ ☆ ☆ ☆ ☆

말하기 2

인사 Greetings

한국어로 인사할 수 있다.

생각해 봐요

● 다음 사진을 보세요. 이 사람들은 무엇을 해요?

Look at the pictures. What are they doing?

배워요

1 다음 표현을 배워요.

Let's learn the expressions below.

1)

2)

안녕히 계세요.
Good-bye.
안녕히 가세요.
Good-bye.

3)

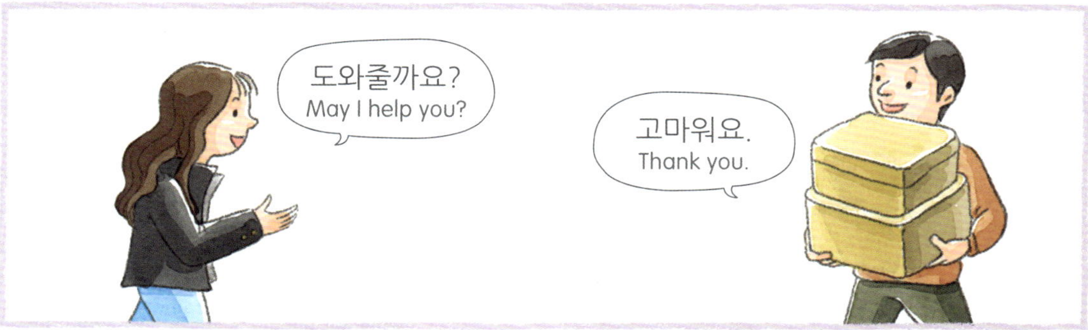
도와줄까요?
May I help you?
고마워요.
Thank you.

4)

미안해요.
I'm sorry.
괜찮아요.
That's all right.

5)

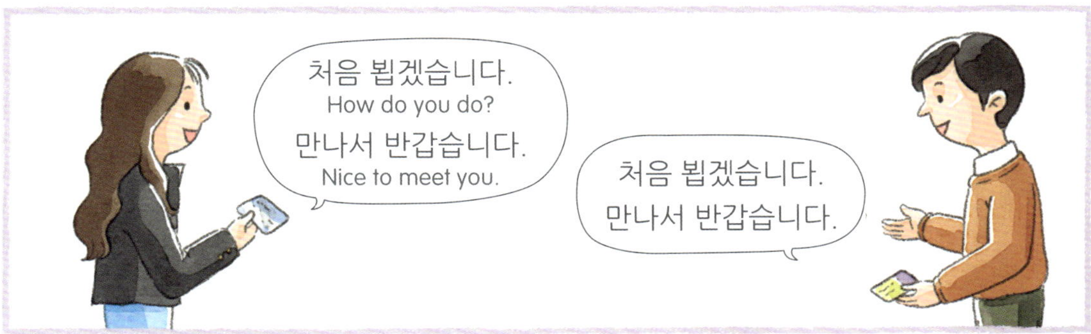
처음 뵙겠습니다.
How do you do?
만나서 반갑습니다.
Nice to meet you.
처음 뵙겠습니다.
만나서 반갑습니다.

6)

7)

8)

9)

말해요

1 다음 그림을 보고 이야기하세요.

Look at the pictures and practice with your partner.

1)

2)

3)

4)

5)

6)

2 오늘부터 한국어로 인사하세요.

Greet people in Korean from today.

한국어로 인사를 할 수 있어요?	☆ ☆ ☆ ☆ ☆

말하기 3

자기소개 Self-introduction

자기소개를 할 수 있다.

말해요 1

1 다음과 같이 이야기하세요.
Practice with your partner as shown below.

• 일상 대화에서는 '무엇이에요?'를 '뭐예요?'로 말해요.
In casual conversations, we say 뭐예요? for 무엇이에요?.

1)

이현수 김고은

2)

퓨 아흐마드

3)

흐엉 리리

4)

사야카 데이비드

말해요 2

1 다음 표현을 배워요.

Let's learn the expressions below.

나라 countries

캐나다

우즈베키스탄

인도네시아

페루

나라 + 에서 왔어요

2 다음과 같이 이야기하세요.

Practice with your partner as shown below.

가 어느 나라 사람이에요?

나 칠레 사람이에요.

가 어디에서 왔어요?

나 칠레에서 왔어요.

1) 

2) 

3) 

4) 

5) 

6) 

7) 

8) 

9) 

10) 

11) 

12) 

말해요 3

1 다음 표현을 배워요.

Let's learn the expressions below.

직업 occupation

경찰

요리사

주부

배우

2 다음과 같이 이야기하세요.

Practice with your partner as shown below.

가 직업이 뭐예요?

나 저는 회사원이에요.

1) 

2) 

3) 

4) 

5) 

6) 

7) 

8) 

말해요 4

1 다른 반 친구를 만나서 자기소개를 하세요.

Meet someone in another class and introduce yourself to him/her.

자기소개를 할 수 있어요?	☆ ☆ ☆ ☆ ☆

더 말해요

● 다음 사람이 되어 친구하고 이야기하세요.
Act like the person shown below, and practice with your partner.

이현수
한국
대학생

노엘라
프랑스
가수

하리마
이집트
회사원

에밀리아
호주
배우

아흐마드
사우디아라비아
의사

빌궁
몽골
요리사

패트릭
캐나다
운동선수

사야카
일본
주부

흐엉
베트남
경찰

후안
페루
선생님

말하기 4

일상생활 Daily Life

일상생활에 대해 묻고 대답할 수 있다.

말해요

1 다음과 같이 이야기하세요.

Practice with your partner as shown below.

가 뭐 해요?

나 티브이를 봐요.

- '무엇을 해요?'는 일상 대화에서 '뭐 해요?'로 말해요.
  In casual conversations, we say 뭐 해요? for 무엇을 해요?.

2 여러분은 지금 무엇을 해요? 친구하고 이야기하세요.

What are you doing now? Ask each other and respond.

3 다음과 같이 이야기하세요.

Practice with your partner as shown below.

가 책이 어때요?

나 재미있어요.

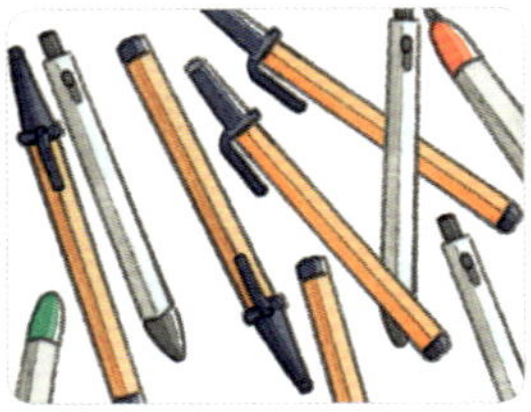

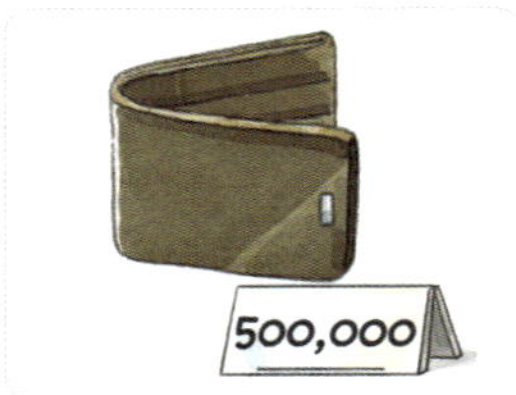

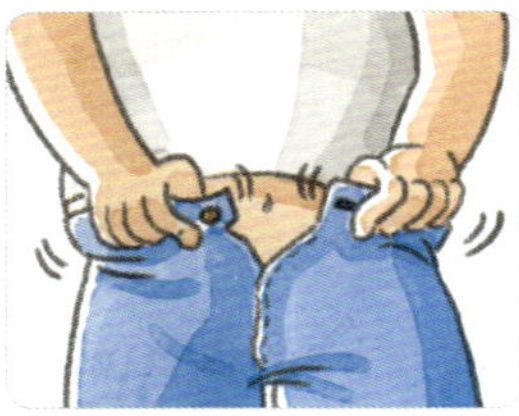

4 여러분의 교실, 물건은 어때요? 친구하고 이야기하세요.

What would you say about the objects in the classroom? Ask each other and respond.

일상생활에 대해 묻고 대답할 수 있어요?	☆ ☆ ☆ ☆ ☆

더 말해요

● 다음과 같이 이야기하세요.

Practice with your partner as shown below.

A  책이 많아요?

B  네, 책이 많아요.

A  책이 많아요?

B 

아니요, 책이 적어요.

1 [ ] 을 보고 친구한테 질문하세요.

Look at the [ ] and ask your partner questions.

2 친구의 질문을 듣고 [ ] 을 보며 대답하세요.

Listen to the questions of your partner and answer by looking at the [ ].

● 다음과 같이 이야기하세요.

Practice with your partner as shown below.

1 친구의 질문을 듣고 [ ] 을 보며 대답하세요.

Listen to the questions of your partner and answer by looking at the [ ].

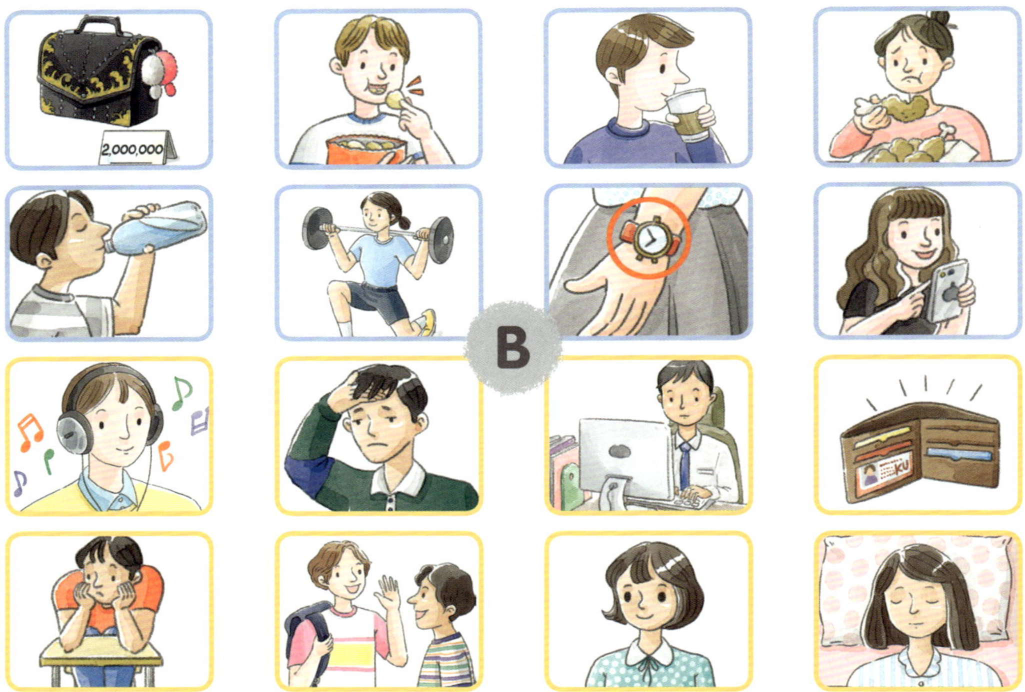

2 [ ] 을 보고 친구한테 질문하세요.

Look at the [ ] and ask your partner questions.

말하기 5
지시어 Demonstratives

지시어를 사용해 묻고 대답할 수 있다.

생각해 봐요

● 다음 그림을 보세요. 이 사람들은 무슨 이야기를 해요?
Look at the picture. What are these people talking about?

배워요

1 다음 표현을 배워요.
Let's learn the expressions below.

• 사람을 물을 때는 '누구예요?'로 말해요.
When we ask about someone, we say 누구예요?.

사람 지칭어 personal reference terms

사람 | 남자 | 여자 | 아이

1) 가 저 여자가 지아 씨예요?
   나 네, 맞아요. (맞다 right)

2) 가 선생님, 이 사람이 다니엘 씨예요.
   나 만나서 반가워요, 다니엘 씨.

2 다음 표현을 배워요.

Let's learn the expressions below.

1) 가 저게 뭐예요?
   나 시계예요.

2) 가 그거 커피예요?
   나 아니요, 이거 물이에요.

- 일상 대화에서 '이것'은 '이거'로, '이것이'는 '이게'로, '이것은'은 '이건'으로, '이것을'은 '이걸'로 말해요.

  In casual conversations, we say 이거 for 이것, 이게 for 이것이, 이건 for 이것은, and 이걸 for 이것을.

3 다음 표현을 배워요.

Let's learn the expressions below.

- '의'는 뒤의 명사가 앞의 명사의 소유이거나 뒤의 명사가 앞의 명사에 소속됨을 나타내요. 일상 대화에서는 생략되는 경우가 많아요. '나의'는 '내', '저의'는 '제'로 줄여 사용해요.
  의 is a possessive particle to indicate the preceding noun has a possessive relationship with the following noun. It is commonly omitted in colloquial situations. 나의, 저의 are usually shortened as 내, 제.
  선생님의 물 → 선생님 물　　나의 책 → 내 책　　저의 가방 → 제 가방

1) 가 이 우산 두엔 씨 거예요?
   나 아니요, 웨이 씨 우산이에요.

2) 가 이 아이가 무함마드 씨 딸이에요? (딸 → daughter)
   나 네, 맞아요.

말해요

1 다음과 같이 이야기하세요.

Practice with your partner as shown below.

2 다음과 같이 이야기하세요.

Practice with your partner as shown below.

3 다음과 같이 이야기하세요.

Practice with your partner as shown below.

지시어를 사용해 묻고 대답할 수 있어요?	☆ ☆ ☆ ☆ ☆

말하기 6

숫자 Numbers

숫자를 읽고 말할 수 있다.

생각해 봐요

● 모두 얼마예요? 다음 숫자를 말하세요.
How much are they in total? Read the number.

135,120원

말해요

1 다음과 같이 이야기하세요.
Practice with your partner as shown below.

1,234			1 천	2 이백	3 삼십	4 사
12,345		1 만	2 이천	3 삼백	4 사십	5 오
123,456	1 십	2 이만	3 삼천	4 사백	5 오십	6 육

1)	8						8
2)	43					4	3
3)	607				6	0	7
4)	9,031			9	0	3	1
5)	12,185		1	2	1	8	5
6)	310,914	3	1	0	9	1	4

2 다음 숫자를 읽으세요.

Read the numbers.

1) 93 ________

2) 305 ________

3) 711 ________

4) 4,200 ________

5) 6,034 ________

6) 15,500 ________

7) 87,243 ________

8) 110,650 ________

9) 343,120 ________.

3 친구하고 숫자를 말하세요.

Practice the numbers with your partner.

A 1) 다음 숫자를 친구한테 말하세요.

Read the numbers to your partner.

① 37	② 490	③ 2,169	④ 8,502
⑤ 10,443	⑥ 51,030	⑦ 219,600	⑧ 706,250
⑨	⑩	⑪	⑫
⑬	⑭	⑮	⑯

2) 친구가 말하는 숫자를 듣고 쓰세요.

Listen to your partner and write the numbers.

①	②	③	④
⑤	⑥	⑦	⑧
⑨	⑩	⑪	⑫
⑬	⑭	⑮	⑯

B **1)** 친구가 말하는 숫자를 듣고 쓰세요.
Listen to your partner and write the numbers.

①		②		③		④	
⑤		⑥		⑦		⑧	
⑨		⑩		⑪		⑫	
⑬		⑭		⑮		⑯	

2) 다음 숫자를 친구한테 말하세요.
Read the numbers to your partner.

① 61	② 350	③ 2,248	④ 7,096
⑤ 20,343	⑥ 83,000	⑦ 129,750	⑧ 913,400
⑨	⑩	⑪	⑫
⑬	⑭	⑮	⑯

4 **'3 · 6 · 9' 게임을 알아요? 친구들하고 같이 하세요.**
Do you know the 3 · 6 · 9 game? Play the game with your partners.

숫자를 읽고 말할 수 있어요?	☆☆☆☆☆

말하기 7

전화번호 Phone Number

전화번호를 묻고 대답할 수 있다.

생각해 봐요

● 다음을 보세요. 전화번호를 어떻게 읽을까요?
Look at the illustration. How do you read the phone numbers?

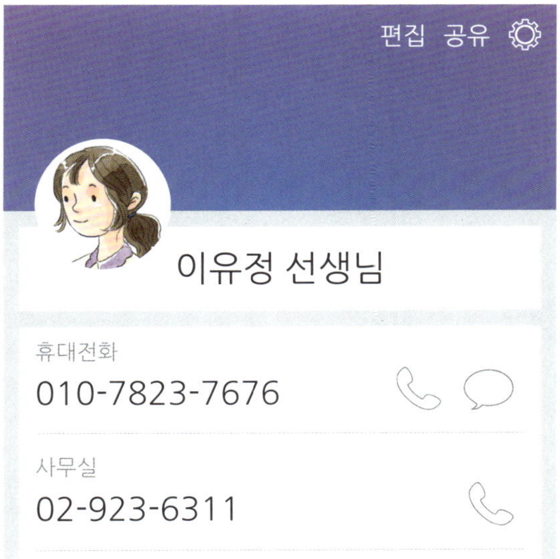

말해요 1

1 전화번호를 읽어요.
Read the phone numbers.

0 2 - 3 2 9 0 - 4 2 3 0

공 이 삼 이 구 공 사 이 삼 공

0 1 0 - 6 9 4 3 - 8 7 9 4

공 일 공 육 구 사 삼 의 팔 칠 구 사

- '의'는 [에]로 말해요.
  의 is usually pronounced [에].

말해요 2

1 **다음과 같이 이야기하세요.**
Practice with your partner as shown below.

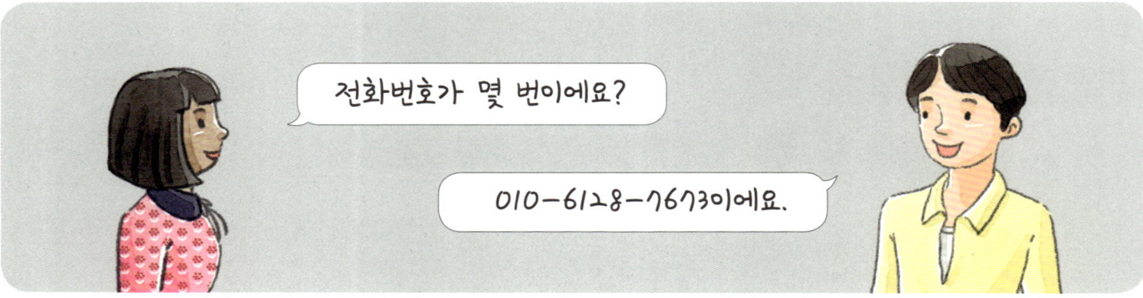

1) 768-8007

2) 3671-0532

3) 02-3449-7139

4) 010-7027-1329

2 **친구들한테 전화번호를 물어보세요.**
Ask your partners for their phone numbers.

말해요 3

1 다음과 같이 이야기하세요.
Practice with your partner as shown below.

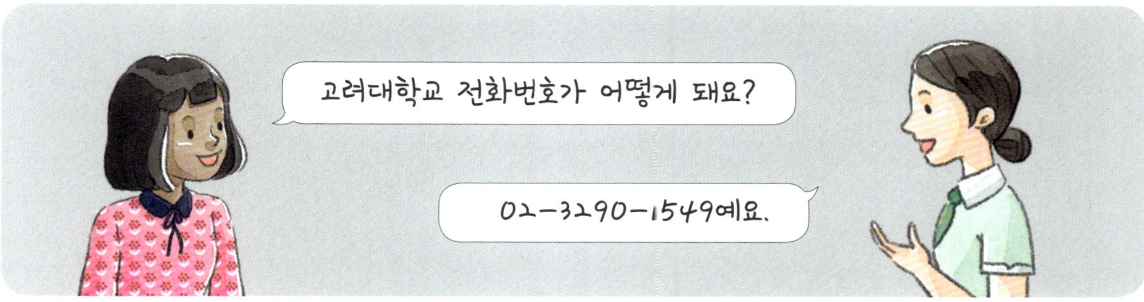

1) 고려식당 2286-0127

2) 고려은행 3701-4225

3) 고려우체국 02-2155-9028

4) 사무실 02-3149-6114

2 한국어 센터 사무실의 전화번호를 물어보세요.
Ask the Korean Language Center for its phone number.

전화번호를 묻고 대답할 수 있어요?	☆ ☆ ☆ ☆ ☆

말하기 8

단위 명사 Unit Noun

단위 명사를 사용해 말할 수 있다.

생각해 봐요

● 다음 사진을 보세요. 어떻게 말해요?

Look at the picture. How would you say it?

배워요

1 다음 표현을 배워요.

Let's learn the following expressions below.

단위 명사 unit noun

명

마리

병

잔

권

살

말해요 1

1 다음과 같이 이야기하세요.

Practice with your partner as shown below.

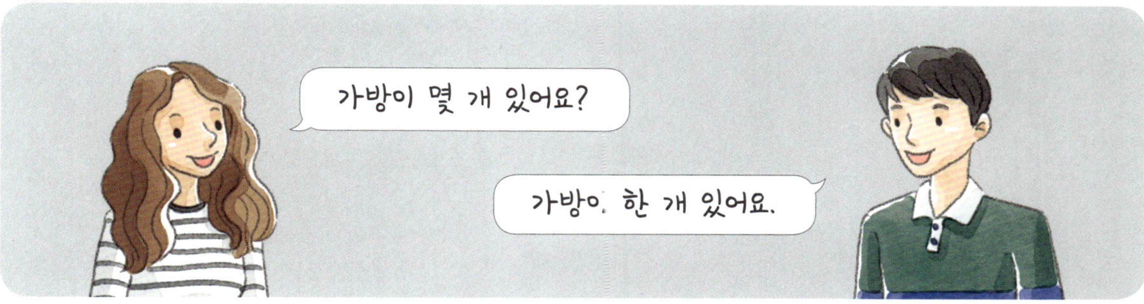

가방 한 개

2 다음 그림을 보고 무엇이 얼마나 있는지 묻고 답하세요.
Look at the picture, ask each other questions about what and how many there are, and respond.

말해요 2

1 다음과 같이 이야기하세요.
Practice with your partner as shown below.

11살 열한 살	12살 열두 살	13살 열세 살	14살 열네 살	15살 열다섯 살
16살 열여섯 살	17살 열일곱 살	18살 열여덟 살	19살 열아홉 살	20살 스무 살
21살 스물한 살	22살 스물두 살	23살 스물세 살	24살 스물네 살	30살 서른 살
40살 마흔 살	50살 쉰 살	60살 예순 살	70살 일흔 살	80살 여든 살

2 친구하고 나이를 묻고 대답하세요.

Ask your partners their age, and respond to their questions.

이름	나이

이름	나이

단위 명사를 사용해 말할 수 있어요?	☆☆☆☆☆

말하기 9

위치 Location

물건의 위치를 묻고 대답할 수 있다.

생각해 봐요

● 다음 사진을 보세요. 무엇이 어디에 있어요?

Look at the picture. What is there and where is it located?

배워요

1 다음 표현을 배워요.
Let's learn the expressions below.

위치 location

탁자

위

아래/밑

앞

뒤

옆

안

밖

왼쪽

오른쪽

사이

1) 가 우산이 어디에 있어요?
나 의자 밑에 있어요.

2) 가 편의점이 어디에 있어요?
나 저 건물 안에 있어요.
건물 → building

사람/물건 이/가 장소 에 있다/없다

말해요

1 **다음과 같이 이야기하세요.**
Practice with your partner as shown below.

가 휴대폰이 어디에 있어요?
나 컴퓨터 옆에 있어요.

2 **교실에 무엇이 있어요? 어디에 있어요? 이야기하세요.**
What things are in the classroom? Where are they? Ask each other and respond.

물건의 위치를 묻고 대답할 수 있어요?	☆☆☆☆☆

말하기 10

내 방 My Room

내 방에 대해 이야기할 수 있다.

생각해 봐요

● 다음 사진을 보세요. 무엇이 있어요? 어때요?

Look at the picture. What things are there? Describe them.

배워요

1 다음 표현을 배워요.
Let's learn the expressions below.

물건 objects

문

창문

사진

달력

화장품

수건

냉장고

세탁기

에어컨

선풍기

침대

옷장

책장

탁자

거울

말해요 1

1 다음과 같이 이야기하세요.
Practice with your partner as shown below.

X

가 방에 책장이 있어요?
나 아니요, 책장이 없어요.

옷장 옆

가 거울이 어디에 있어요?
나 거울이 옷장 옆에 있어요.

1) 옷장　　2) 가방　　3) 고양이
4) 선풍기　　5) 창문　　6) 컴퓨터

2 여러분 방에 무엇이 있어요? 무엇이 없어요? 친구하고 이야기하세요.
What things do you have or not have in your room? Ask each other cnd respond.

말해요 2

1 **여러분 방을 소개하세요.**
Describe your room.

1) 여러분의 방을 그리세요.
Draw your room.

2) 방에 무엇이 있어요? 무엇이 없어요? 어디에 있어요? 다음과 같이 이야기하세요.
What things are in your room or not in your room? Where are they? Practice with your partner as shown below.

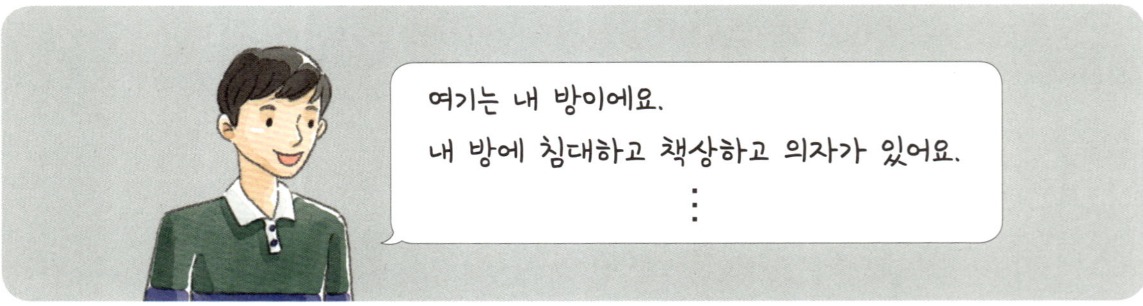

내 방에 대해 이야기할 수 있어요?	☆ ☆ ☆ ☆ ☆

말하기 11

날짜와 요일 Date & Day

날짜와 요일을 말할 수 있다.

생각해 봐요

● 다음 달력을 보세요. 한국어로 어떻게 말해요?
Look at the calendar. How do you say the month and the day in Korean?

배워요

1 다음 표현을 배워요.
Let's learn the expressions below.

월 month

1월 | 2월 | … | 6월 (유월) | … | 10월 (시월) | … | 12월

일 date

1일	2일	…	16일	…	20일	…	30일	31일

요일 day

월요일	화요일	수요일	목요일	금요일	토요일	일요일

연도 year

1999년	2000년	…	2019년	…	2025년	…	2033년

작년	올해	내년

말해요 1

1 다음과 같이 이야기하세요.
Practice with your partner as shown below.

3. 17.

가 몇 월 며칠이에요?
나 삼월 십칠 일이에요.

① 2. 14. ② 6. 6. ③ 8. 31. ④ 12. 5.

2 **다음 질문에 답하세요.**
Answer the questions.

1) 지금 몇 월이에요?

2) 오늘이 며칠이에요?

3) 생일이 언제예요?
birthday

말해요 2

1 **다음과 같이 이야기하세요.**
Practice with your partner as shown below.

수요일

가 무슨 요일이에요?
나 수요일이에요.

① 월요일 ② 목요일 ③ 토요일 ④ 일요일

2 **다음 질문에 답하세요.**
Answer the questions.

1) 오늘이 무슨 요일이에요?

2) 생일이 무슨 요일이에요?

말해요 3

1 다음과 같이 이야기하세요.
Practice with your partner as shown below.

2023

가 몇 년이에요?
나 이천이십삼 년이에요.

① 2021 ② 1988 ③ 2005 ④ 2049

2 다음 질문에 답하세요.
Answer the questions.

1) 올해가 몇 년이에요?

2) 내년이 몇 년이에요?

날짜와 요일을 말할 수 있어요?	☆ ☆ ☆ ☆ ☆

말하기 12
가족 Family

가족에 대해 묻고 대답할 수 있다.

생각해 봐요

● 다음 사진을 보세요. 누구예요?
Look at the picture. Who are they?

배워요

1 다음 표현을 배워요.
Let's learn the expressions below.

가족 family

2 다음 표현을 배워요.

Let's learn the expressions below.

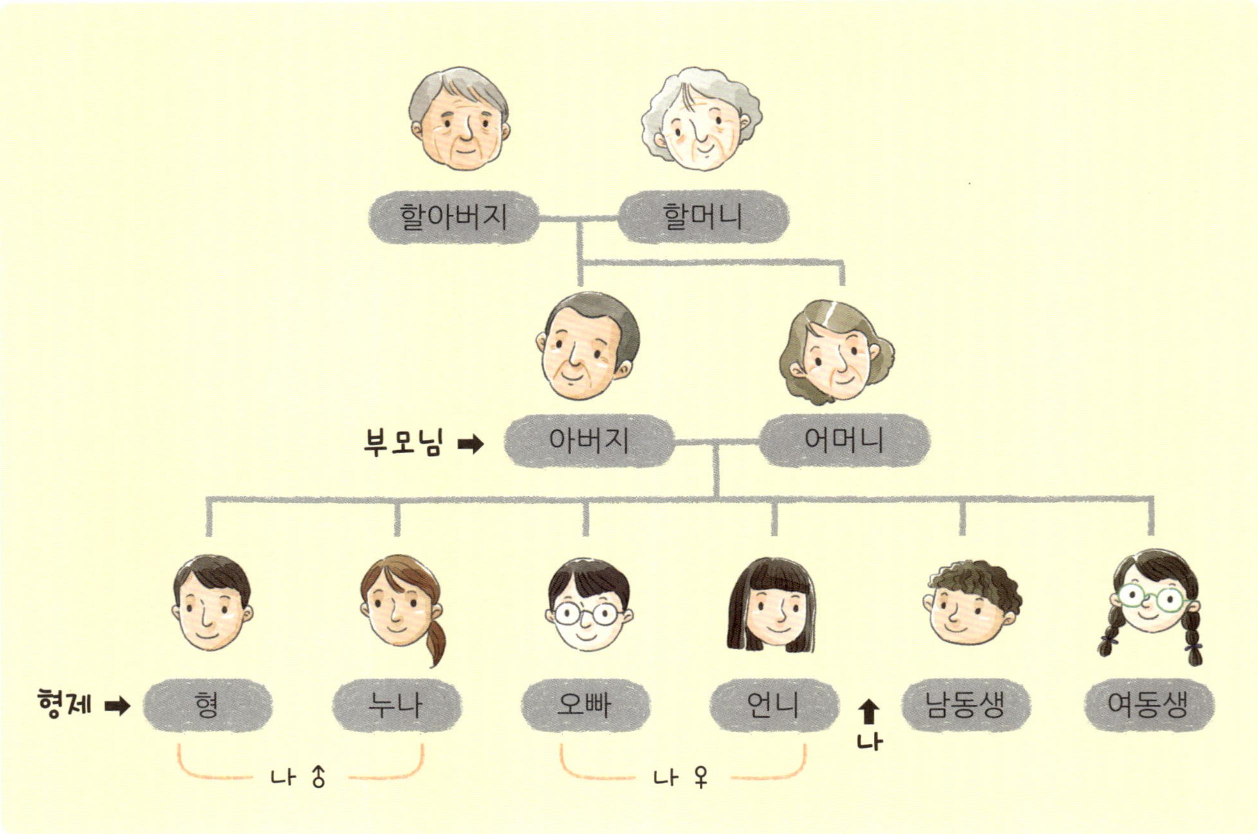

말해요

1 다음과 같이 이야기하세요.

Practice with your partner as shown below.

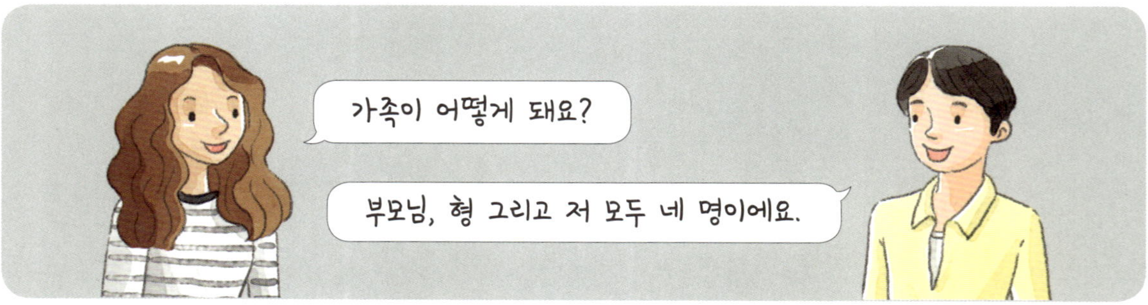

1)

2)

3)

4)

2 여러분의 가족은 몇 명이에요? 친구하고 이야기하세요.

How many family members do you have? Ask each other and respond.

가족에 대해 묻고 대답할 수 있어요?	☆ ☆ ☆ ☆ ☆

말하기 13

한국 생활 Life in Korea

한국 생활에 대해 이야기할 수 있다.

생각해 봐요

● 다음을 보세요. 이 사람은 언제 했어요?

Look at the illustration. When did the person do these activities?

3년 전	두 달 전	지금
한국에 오다 한국에서 살다	한국어를 공부하다	

배워요

1 다음 표현을 배워요.

Let's learn the expressions below.

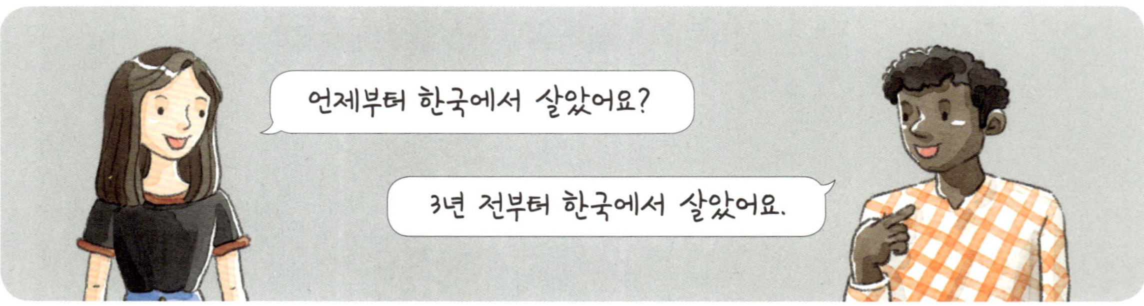

1) 가 언제부터 한국어를 공부했어요?
   나 두 달 전부터 한국어를 공부했어요.

2) 가 언제부터 그 사람을 좋아했어요?
   나 작년부터 좋아했어요.

시간 부터 동/형 [-았어요]

말해요 1

1 다음과 같이 이야기하세요.
Practice with your partner as shown below.

이 일을 하다	가 언제부터 이 일을 했어요?
10년 전	나 십 년 전부터 했어요.

1) 운동하다 / 열 살 때 (때 → time)

2) 여기에 있다 / 30분 전

3) 아프다 / 어제 저녁

4) 바쁘다 / 지난주

5) 그 사람하고 사귀다 / 12월 24일

6) 여기에서 공부하다 / 6월 10일

2 **언제부터 했어요? 다음 표에 메모하고 친구하고 이야기하세요.**

When did you do that? Fill out the table and ask each other and respond.

질문	대답
한국에 살다	
한국어를 공부하다	
이 학교에 다니다	

말해요 2

1 **다음 표현을 배워요.**

Let's learn the expressions below.

느낌 feeling

좋다

힘들다

피곤하다

심심하다

외롭다

2 다음과 같이 이야기하세요.

Practice with your partner as shown below.

가 요즘 생활이 어때요?

나 재미있고 좋아요.

가 요즘 생활이 어때요?

나 재미있어요. 그렇지만 조금 외로워요.

1) 

2) 

3) 

4) 

3 친구들은 요즘 생활이 어때요? 친구하고 이야기하세요.

How are your friends getting along these days? Ask each other and respond.

한국 생활에 대해 이야기할 수 있어요?	☆ ☆ ☆ ☆ ☆

말하기 14
음식 Food

음식을 주문할 수 있다.

생각해 봐요

- 다음 사진을 보세요. 여기는 어디예요?
  Look at the pictures. What are these places?

배워요

1 다음 표현을 배워요.
Let's learn the expressions below.

음료 beverage

따뜻한 아메리카노

아이스 아메리카노

카페라테

오렌지 주스

딸기 주스

핫 초코

녹차

홍차

2 다음 표현을 배워요.

Let's learn the expressions below.

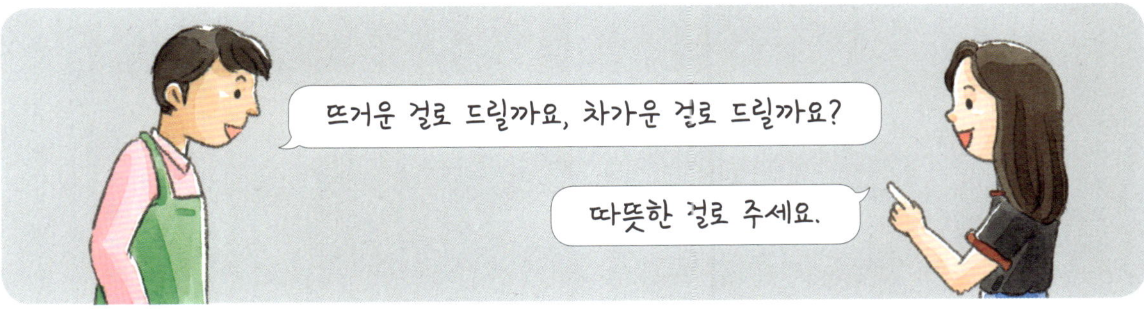

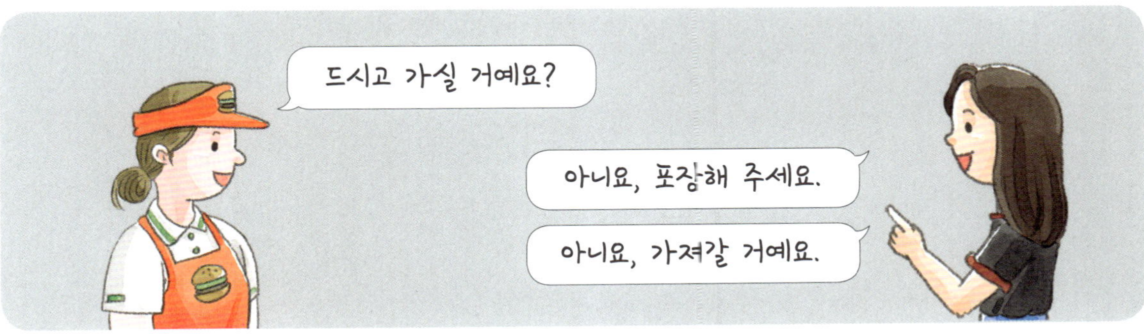

말해요

1 다음 메뉴를 보고 점원과 손님이 되어 이야기하세요.

Look at the menu and play the roles of the clerk and customer with your partner.

행복한 분식
MENU
KU김밥 3,500원
치즈김밥 4,000원
참치김밥 4,000원
라면 4,000원
치즈라면 4,500원
떡라면 4,500원

BIG
BURGERS
Very tasty food
-15%
RESTAURANT MENU
KUburgers
RESTAURANT MENU
BURGERS
KU버거 5,000원
치킨버거 5,500원
새우버거 5,500원
불고기버거 6,000원
KU버거 세트 6,000원
FRIES
감자튀김 1,000원
DRINKS
콜라, 사이다 1,500원
KUburgers.com

음식을 주문할 수 있어요?	☆ ☆ ☆ ☆ ☆

말하기 15
휴일 Holidays

휴일에 하는 일을 말할 수 있다.

생각해 봐요

● 다음 사진을 보세요. 여러분은 휴일을 어떻게 보내요?
Look at the pictures. How do you spend your holidays?

말해요

1 여러분은 보통 휴일을 어떻게 보내요? 친구하고 이야기하세요.
How do you usually spend your holidays? Ask each other and respond.

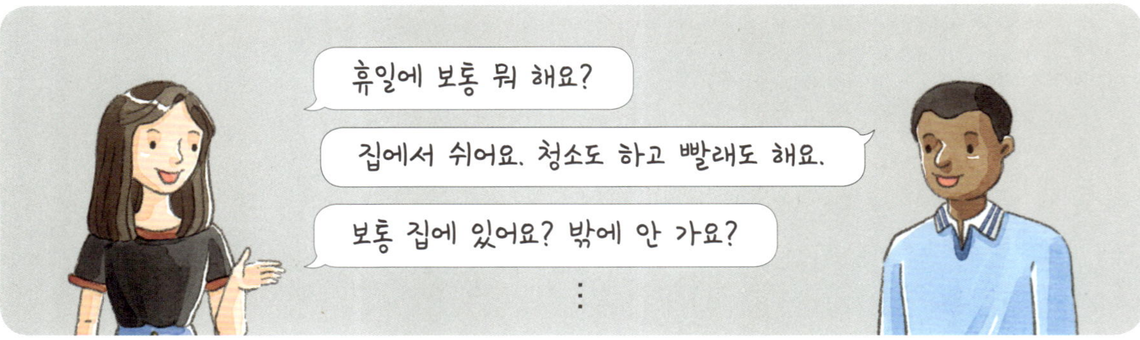

2 고향에서는 휴일을 어떻게 보냈어요? 친구하고 이야기하세요.
How did you usually spend your holidays in your country? Ask each other and respond.

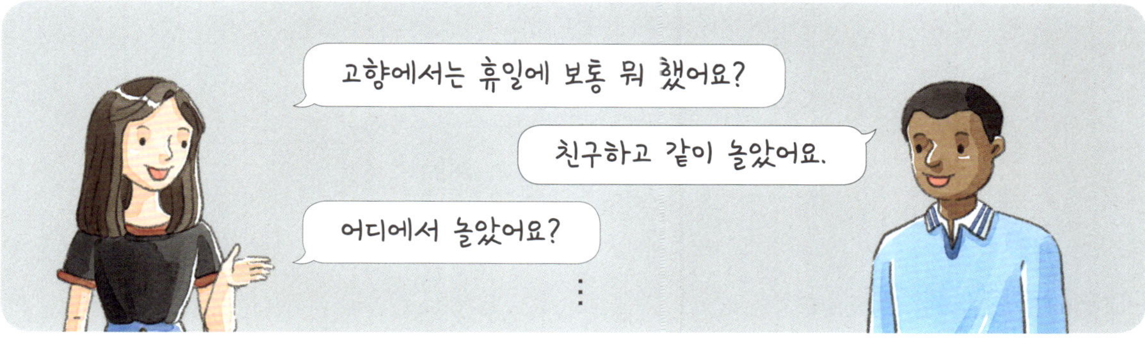

3 이번 주말에 무엇을 할 거예요? 친구하고 이야기하세요.
What will you do this weekend? Ask each other and respond.

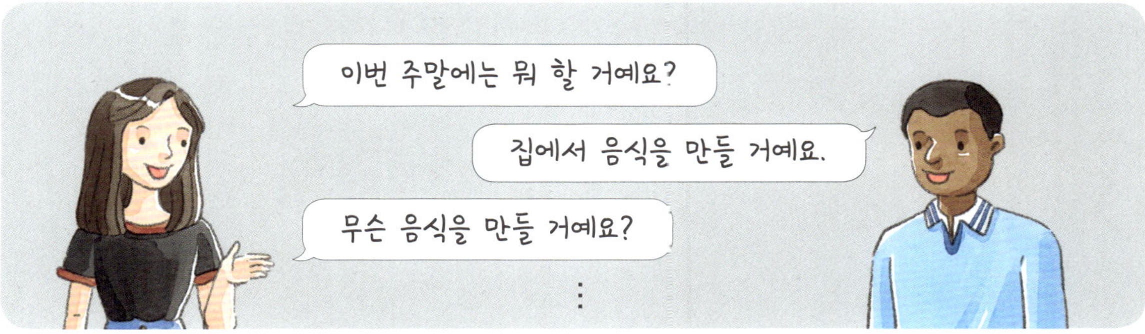

4 이제 곧 방학이에요. 방학에는 무엇을 할 거예요? 친구하고 이야기하세요.
The vacation is approaching. What will you do during the vacation? Ask each other and respond.

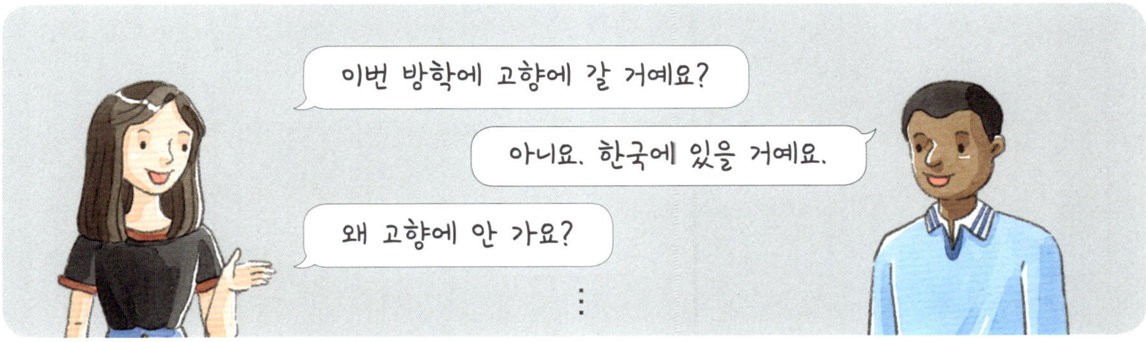

휴일에 하는 일을 말할 수 있어요?	☆ ☆ ☆ ☆ ☆

말하기 16

약속 Appointment

약속을 할 수 있다.

생각해 봐요

● 다음 수첩을 보세요. 토요일에 약속이 있어요?

Look at the schedule. Does the person have any plans on Saturday?

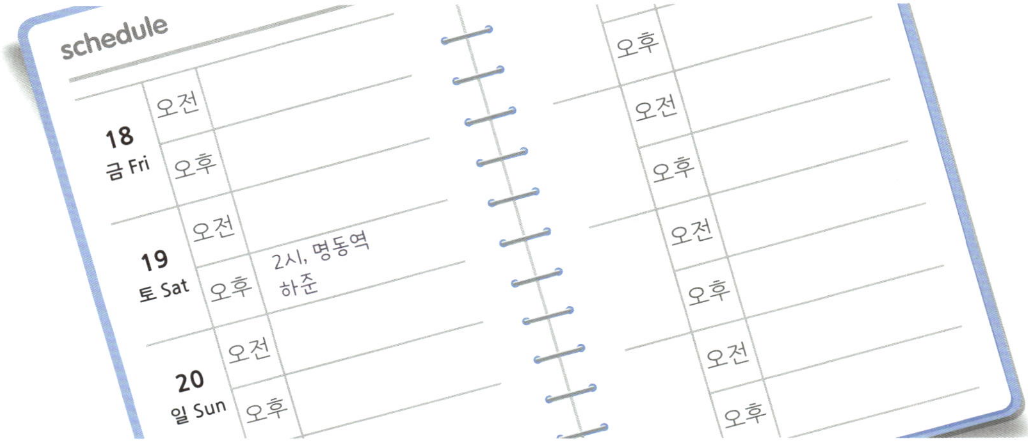

말해요 1

1 다음 표현을 배워요.

Let's learn the expressions below.

약속 appointment

약속을 하다

YES: 시간이 있다 / 약속이 없다 / 괜찮다

NO: 시간이 없다 / 약속이 있다 / 일이 있다 / 바쁘다

1) 가 내일 오후에 시간이 있어요?
나 네, 괜찮아요.

2) 가 이번 주 토요일에 시간이 있어요?
나 미안해요. 그날 약속이 있어요.

3) 가 주말에 웨이 씨하고 만날 거예요?
나 네, 만날 거예요. 어제 약속했어요.

2 다음과 같이 이야기하세요.
Practice with your partner as shown below.

이번 주말
○

가 이번 주말에 시간이 있어요?
나 네, 시간 있어요.

1) 오늘 오후 ○ 2) 내일 저녁 × 3) 이번 주 토요일 ?

말해요 2

1 다음 표현을 배워요.
Let's learn the expressions below.

1) 가 이번 주말에 어디에 갈까요?
나 홍대에 가요.

2) 가 내일 오후에 만날까요?
나 미안해요. 내일은 바빠요. 다음에 만나요.

동사 [-(으)ㄹ까요?]

동사 [-아요]

2 다음과 같이 이야기하세요.

Practice with your partner as shown below.

어디, 만나다	가 어디에서 만날까요?
학교	나 학교에서 만나요.

1) 언제, 만나다 / 토요일

2) 무엇, 먹다 / 냉면

3) 어디, 이야기하다 / 카페

4) 어디, 가다 / 부산

5) 몇 시까지, 놀다 / 3시

6) 누구한테, 주다 / 카밀라 씨

말해요 3

1 **다음 표현을 배워요.**
Let's learn the expressions below.

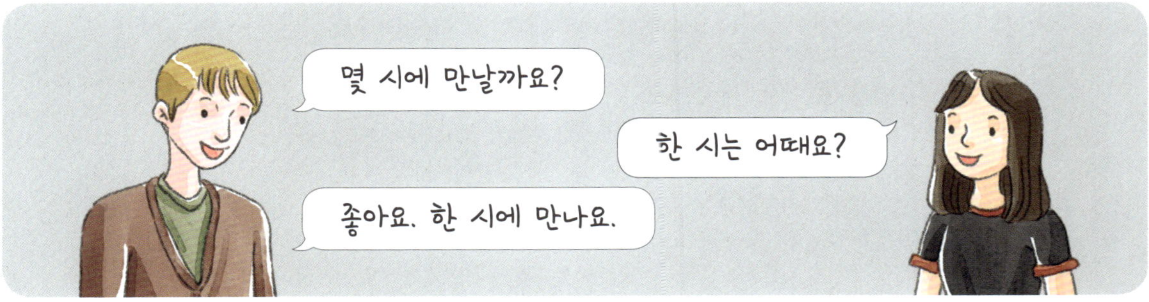

1) 가 내일 어디에 갈까요?
   나 홍대는 어때요?

2) 가 점심에 뭐 먹을까요?
   나 햄버거는 어때요?

명사 은/는 어때요?

2 **다음과 같이 이야기하세요.**
Practice with your partner as shown below.

언제, 만나다	**가** 언제 만날까요?
내일 저녁	**나** 내일 저녁은 어때요?

1) 어디, 가다 / 명동

2) 무엇, 먹다 / 불고기

3) 누구한테, 물어보다 / 지아 씨

말해요 4

1 다음과 같이 이야기하세요.
Practice with your partner as shown below.

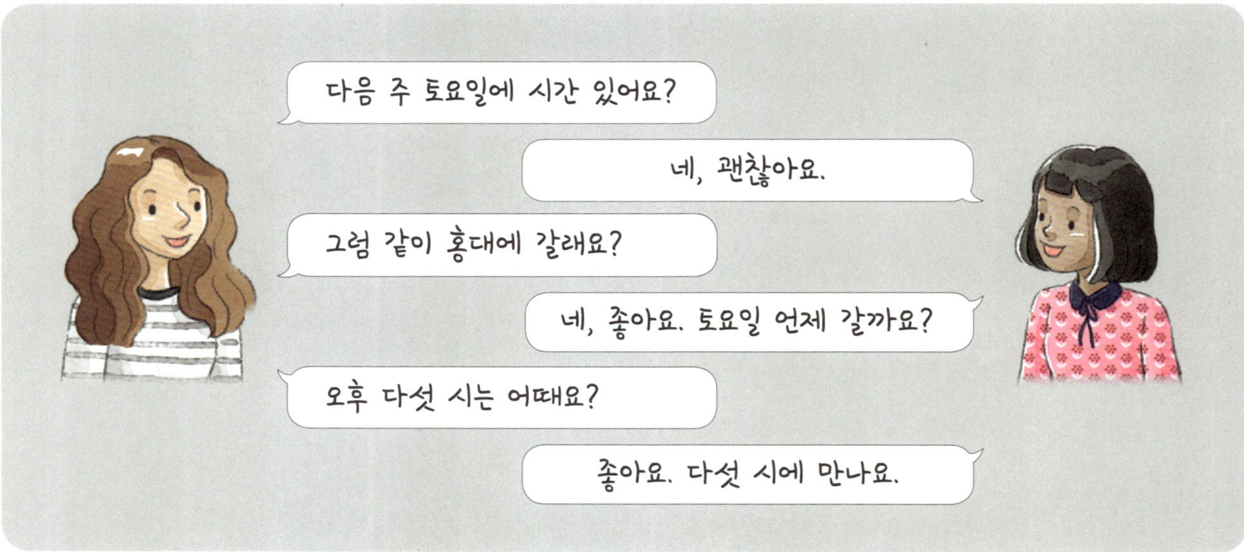

1)

A	B
오후?	○
쇼핑하다?	○
	어디?
백화점	○

2)

A	B
이번 주말?	○
공부하다?	○
	몇 시부터?
2시	○

2 여러분은 이번 주말에 무엇을 할 거예요? 친구하고 약속하세요.
What will you do this weekend? Make plans with a friend.

약속을 할 수 있어요?	☆ ☆ ☆ ☆ ☆

말하기 17

교통 Transportation

교통편을 묻고 대답할 수 있다.

생각해 봐요

● 다음 사진을 보세요. 무엇을 타요? 어떻게 가요?

Look at the pictures. What do they take? How will they go there?

말해요 1

1 다음 표현을 배워요.

Let's learn the expressions below.

교통수단 vehicle

버스

지하철

택시

차

자전거

오토바이

걸어서 가다 / 걸어서 오다

기차/KTX

고속버스

배

비행기

1) 가 학교에서 집까지 어떻게 와요?
나 걸어서 와요.

2) 가 여기에서 부산까지 뭐 타고 가요?
나 KTX를 타고 가요.

3) 가 명동에 어떻게 가요?
나 저기에서 버스를 타고 가세요.

4) 가 한국에 어떻게 왔어요?
나 비행기를 타고 왔어요.

장소 에 교통수단 을/를 타고 가다

장소 에서 장소 까지 교통수단 을/를 타고 가다

2 다음과 같이 이야기하세요.

Practice with your partner as shown below.

가 회사까지 어떻게 가요?
나 지하철을 타고 가요.

1) 

2) 

3) 

3 **여러분은 어떻게 가요? 어떻게 갔어요? 친구하고 이야기하세요.**
How do you go there? How did you go there? Ask each other and respond.

학교/회사	명동	고향에서 학교/회사

말해요 2

1 **다음 표현을 배워요.**
Let's learn the expressions below.

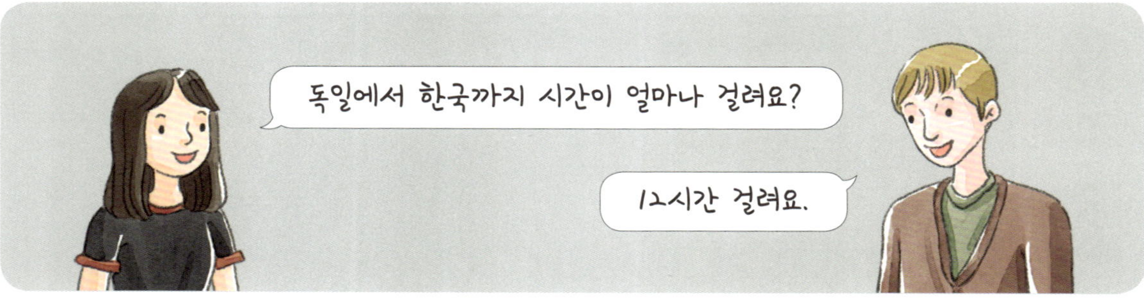

1) 가 여기에서 공항까지 지하철로 시간이 얼마나 걸려요?
   나 한 시간쯤 걸려요.

2) 가 집에서 학교까지 걸어서 얼마나 걸려요?
   나 걸어서 15분쯤 걸려요.

3) 가 회사까지 버스로 얼마나 걸려요?
   나 30분쯤 걸려요.

교통수단 으로 얼마나 걸리다

2 다음과 같이 이야기하세요.
Practice with your partner as shown below.

30분

가 집에서 회사까지 지하철로 얼마나 걸려요?

나 지하철로 30분쯤 걸려요.

1) 

40분

2) 

한 시간

3) 

5분

4) 

20분

3 다음에 대해 친구하고 이야기하세요.
Ask each other and respond.

1) 여러분의 나라에서 한국까지 무엇을 타고 왔어요?

2) 여러분의 나라에서 한국까지 시간이 얼마나 걸렸어요?

교통편을 묻고 대답할 수 있어요?	☆ ☆ ☆ ☆ ☆

말하기 18

날씨 Weather

날씨를 추측해서 말할 수 있다.

생각해 봐요

● 오늘 날씨는 어때요? 내일 날씨는 어떨까요?

How is the weather today? How is the weather tomorrow?

말해요

1 다음 표현을 배워요.

Let's learn the expressions below.

1) 가 이번 겨울에도 많이 추울까요?
   나 네, 추울 거예요.

2) 가 오늘 웨이 씨가 학교에 안 왔어요. 내일은 올까요?
   나 아마 (maybe) 올 거예요.

3) 가 이번 시험 (exam)이 어려울까요?
   나 안 어려울 거예요.

4) 가 이거 매울까요?
   나 아니요, 안 매워요.

동/형 [-(으)ㄹ까요?]

동/형 [-(으)ㄹ 거예요]

2 다음과 같이 이야기하세요.

Practice with your partner as shown below.

O

가 내일 날씨가 맑을까요?

나 네, 맑을 거예요.

1) 

O

2) 

X

3) 

O

3 **다음 지도를 보고 이야기하세요.**

Look at the map and practice with your partner.

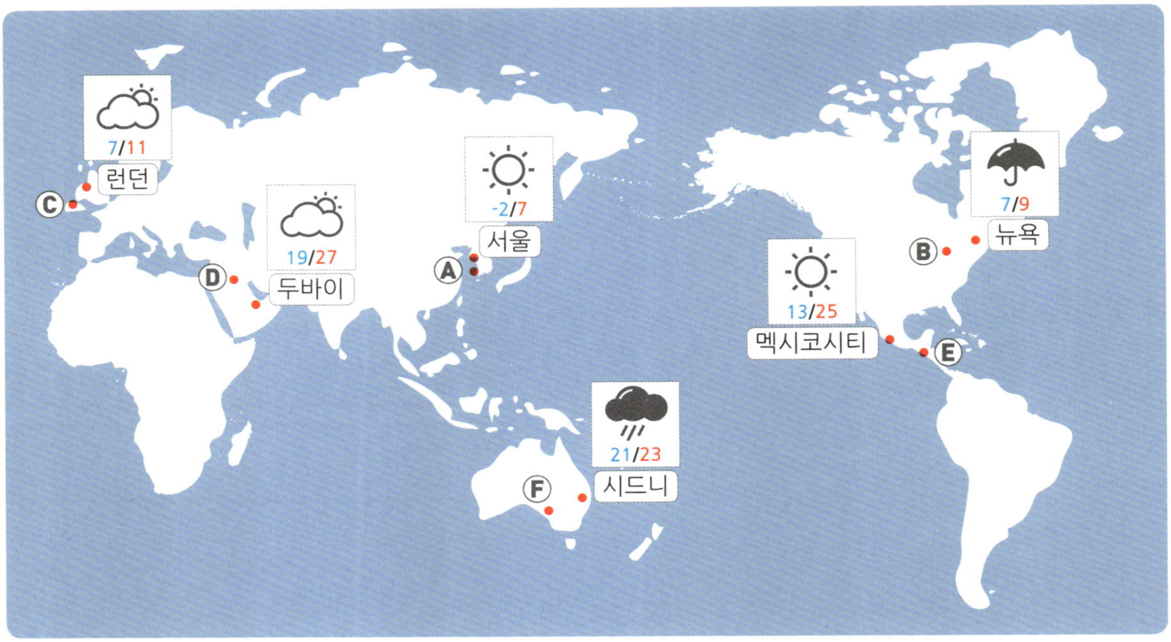

1) 다음 도시들의 날씨는 어때요? 이야기하세요.

How is the weather in these cities? Ask each other and respond.

① 서울　　② 뉴욕　　③ 런던

④ 두바이　　⑤ 멕시코시티　　⑥ 시드니

2) 다음 지역들의 날씨는 어떨까요? 추측해서 이야기하세요.

How is the weather in these areas? Imagine the weather and talk with your partner.

Ⓐ　　Ⓑ　　Ⓒ

Ⓓ　　Ⓔ　　Ⓕ

날씨를 추측해서 말할 수 있어요?	☆☆☆☆☆

말하기 19
1급 생활 Life in Level 1

1급 생활이 어땠는지 이야기할 수 있다.

생각해 봐요

● **여러분의 1급 생활은 어땠어요? 생각해 보세요.**
How have you been doing in the Level 1 class? Think about it.

1) 언제 시작했어요? 그때 날씨는 어땠어요? 여러분 기분은 어땠어요?
When did you start this class? What was the weather like? How did you feel?

2) 누구를 만났어요? 그 사람은 어때요?
Whom did you meet? How was he/she?

3) 1급 때 무슨 일이 있었어요? 어디에 갔어요? 무엇을 했어요? 어땠어요?
What have you done in Level 1? Where did you go? What did you do? How was it?

4) 이제 1급이 끝나요. 지금 기분은 어때요?
You are about to complete Level 1. How do you feel?

5) 앞으로 무엇을 할 거예요?
What will you do afterward?

말해요

● **여러분의 1급 생활은 어땠어요? 위에서 생각한 것을 바탕으로 이야기하세요.**
How have you been doing in Level 1? Talk about it based on what you thought about above.

1급 생활이 어땠는지 이야기할 수 있어요?	☆ ☆ ☆ ☆ ☆

말하기 20

게임 Game

1 다음 사진을 보고 질문을 다섯 개 만들고 대답을 하세요.

Look at the pictures and make five questions and answers.

1)

1.

2.

3.

4.

5.

2)

1.

2.

3.

4.

5.

2 다음 게임을 하세요.

Play the game.

시작! Start!

1 자기소개를 하세요.

2 교실에 무엇이 있어요? 5개 이상 말하세요.

3 축하해요! 앞으로 세 칸 가세요.

4 수업이 끝나고 어디에 가요? 뭐 해요? 누구하고?

5

6 어제 날씨, 오늘 날씨가 어때요?

7 편의점에 무엇이 있어요? 5개 이상 말하세요.

8 어제 무엇을 먹었어요? 어디, 누구, 맛, 얼마?

9 지난 주말에 무엇을 했어요? 오전, 오후, 밤

10

11 500만 원이 있어요. 무엇을 하고 싶어요?

12 뒤로 다섯 칸 가세요.

13 내일 무엇을 할 거예요? 어디, 누구

끝! Finish!

어휘 찾아보기 (단원별)

말하기 1

읽으세요, 쓰세요, 들으세요, 이야기하세요, 책을 펴세요, 칠판을 보세요, 따라 하세요, 대답하세요, 친구하고 질문하고 대답하세요, 질문 있어요?, 네, 있어요, 아니요, 없어요

말하기 2

안녕하세요?, 안녕히 계세요, 안녕히 가세요, 도와줄까요?, 고마워요, 미안해요, 괜찮아요, 처음 뵙겠습니다, 만나서 반갑습니다, 안녕히 주무셨어요?, 안녕히 주무세요, 잘 먹겠습니다, 사랑해요

말하기 3

- **나라**

캐나다, 우즈베키스탄, 인도네시아, 페루

- **직업**

경찰, 요리사, 주부, 배우

말하기 5

- **사람 지칭어**

사람, 남자, 여자, 아이

- **새 단어**

맞다, 딸

말하기 8

- **단위 명사**

명, 마리, 병, 잔, 권, 살

말하기 9

- **위치**

위, 아래/밑, 앞, 뒤, 옆, 안, 밖, 왼쪽, 오른쪽, 사이

- **새 단어**

탁자, 건물

말하기 10

- **물건**

문, 창문, 사진, 달력, 화장품, 수건, 냉장고, 세탁기, 에어컨, 선풍기, 침대, 옷장, 책장, 탁자, 거울

말하기 11

- **월**

1월, 2월 … 6월(유월) … 10월(시월) … 12월

- **일**

1일, 2일 … 16일 … 20일 … 30일, 31일

- **요일**

월요일, 화요일, 수요일, 목요일, 금요일, 토요일, 일요일

• **연도**

1999년, 2000년 … 2019년 … 2025년 … 2033년, 작년, 올해, 내년

• **새 단어**

생일

말하기 12

• **가족**

할아버지, 할머니, 부모님, 아버지, 어머니, 형, 누나, 오빠, 언니, 남동생, 여동생, 형제
남편, 아내, 아들, 딸, 자녀

말하기 13

• **느낌**

좋다, 힘들다, 피곤하다, 심심하다, 외롭다

• **새 단어**

때

말하기 14

• **음료**

따뜻한 아메리카노, 아이스 아메리카노, 카페라테, 오렌지 주스, 딸기 주스, 핫 초코, 녹차, 홍차

말하기 16

• **약속**

약속을 하다, 시간이 있다, 시간이 없다, 약속이 있다, 약속이 없다, 괜찮다, 일이 있다, 바쁘다

말하기 17

• **교통수단**

버스, 지하철, 택시, 차, 자전거, 오토바이, 걸어서 가다/걸어서 오다, 기차/KTX, 고속버스, 배, 비행기

말하기 18

• **새 단어**

아마, 시험

어휘 찾아보기 (가나다순)

문법 찾아보기

말하기 3

나라 + 에서 왔어요

- 국적이나 출신 지역을 나타낸다.
  It is used to express someone's nationality or hometown. (-에서 왔어요)

  가 어느 나라에서 왔어요?

  나 저는 인도에서 왔어요.

말하기 5

의

말하기 9

사람/물건 이/가 장소 에 있다/없다

- 사람이나 물건이 어디에 위치하는지를 나타낸다.
  It is used to indicate the location of a person or an object. (-이/가 -에 있다/없다)

  가 웨이 씨가 어디에 있어요?

  나 카페에 있어요.

말하기 13

시간 부터 동/형 [-았어요]

- 어떤 일이나 상태가 언제 시작되었는지를 나타낸다.
  It indicates when something or some condition began. (시간부터 ~았어요)

  가 언제부터 한국어를 공부했어요?

  나 3월부터 한국어를 공부했어요.

말하기 16

동사 [-(으)ㄹ까요?]

- 같이 할 것을 제안할 때 사용한다.
  It is used to ask if someone wants to do something together with the speaker. (-을까요? 1)

  가 이번 주말에 영화 볼까요?

  나 네, 좋아요.

동사 [-아요]

- 같이 할 것을 제안할 때 사용한다.
  It is used to ask if someone wants to do something together with the speaker.

  가 이번 주말에 같이 공부해요.

  나 네, 좋아요. 어디에서 할까요?

명사 은/는 어때요?

- 좋은지 싫은지 물을 때 사용한다.

It is used to ask if someone likes or dislikes something. (- 은/는 어때요?)

가 이 영화는 어때요?

나 이건 지난주에 봤어요. 저 영화를 봐요.

말하기 17

장소 에 교통수단 을/를 타고 가다

- 목적지까지의 이동 방법을 나타낸다.

It describes how to go somewhere. (~에 ~을/를 타고 가다)

가 학교에 뭘 타고 가요?

나 저는 학교에 자전거를 타고 가요.

장소 에서 장소 까지 교통수단 을/를 타고 가다

- 출발지에서 목적지까지의 이동 방법을 나타낸다.

It is used to express how to get from one place to another. (~에서 ~까지 ~을/를 타고 가다)

가 집에서 회사까지 무엇을 타고 가요?

나 집에서 회사까지 지하철을 타고 가요.

교통수단 으로 얼마나 걸리다

- 이동 방법과 이동 시간을 나타낸다.

It indicates the means of transportation and time required to reach a destination. (~으로 얼마나 걸리다)

가 집에서 학교까지 자전거로 얼마나 걸려요?

나 자전거로 10분쯤 걸려요.

말하기 18

동/형 [-(으)ㄹ까요?]

- 어떻게 추측하는지 물을 때 사용한다.

It is used to ask what the hearer's thoughts are. (~을까요? 2)

가 이 영화 재미있을까요?

나 사람들이 많이 봐요. 재미있을 거예요.

동/형 [-(으)ㄹ 거예요]

- 어떤 사실에 대한 추측을 나타낸다.

It is used to describe the speaker's thoughts on something. (~을 거예요)

가 내일도 비가 올까요?

나 내일은 비가 안 올 거예요.

고려대 재미있는 한국어 1

English Version

말하기 Speaking

초판 발행	2019년 8월 5일
2판 발행 1쇄	2023년 5월 30일
지은이	고려대학교 한국어센터
펴낸곳	고려대학교출판문화원 www.kupress.com kupress@korea.ac.kr 02841 서울특별시 성북구 안암로 145 Tel 02-3290-4230, 4232 Fax 02-923-6311
유통	한글파크 www.sisabooks.com / hangeul book_korean@sisadream.com 03017 서울시 종로구 자하문로 300 시사빌딩 Tel 1588-1582 Fax 0502-989-9592
일러스트	최주석, 황주리
편집디자인	한글파크
찍은곳	네오프린텍(주)
ISBN	979-11-90205-00-9 (세트) 979-11-90205-65-8 04710

값 12,000원
※ 잘못 만들어진 책은 바꿔 드립니다.